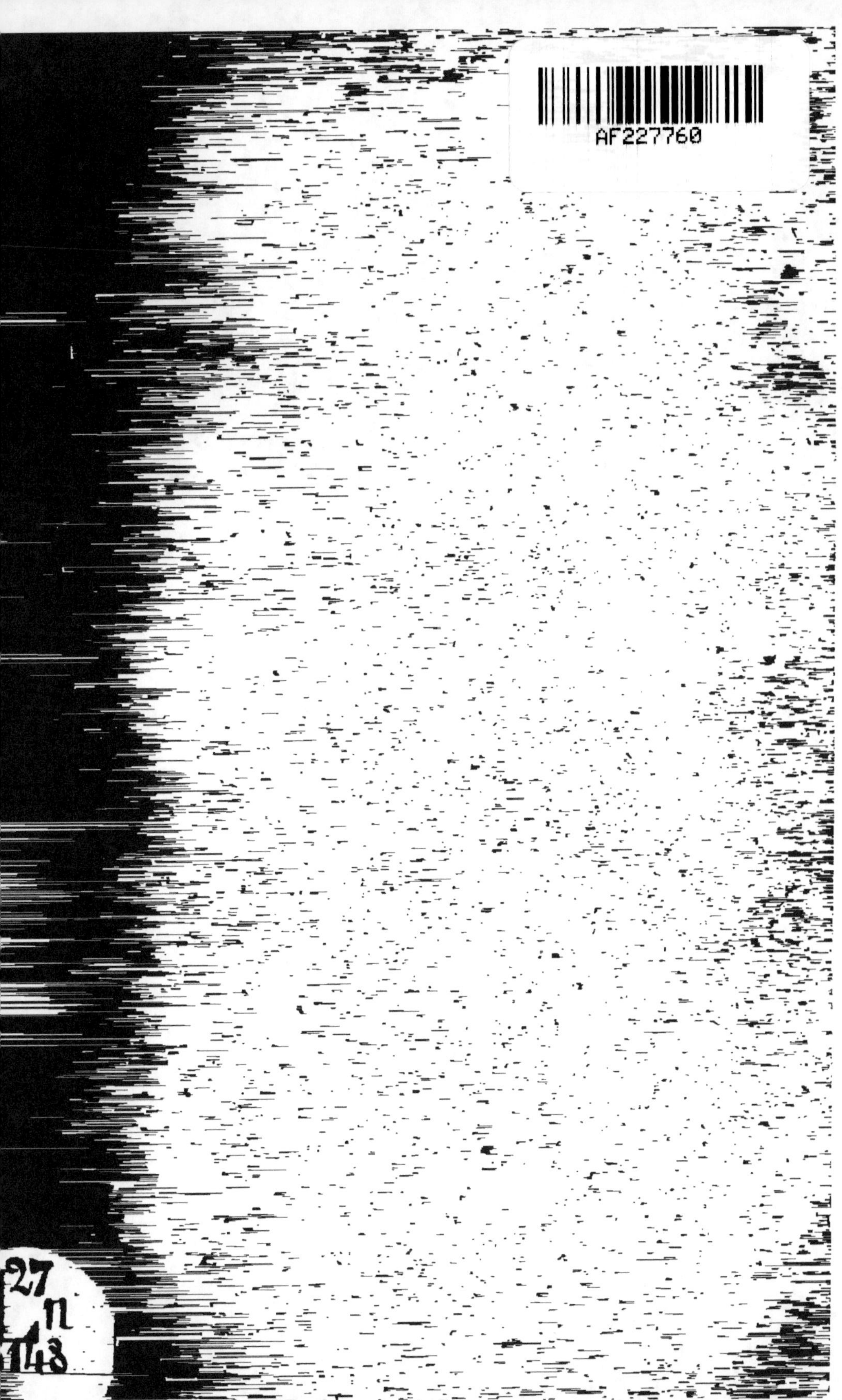
AF227760

LETTRE

ADRESSÉE

A M. ALPHAND

PARIS. — IMPRIMERIE ÉMILE VOITELAIN ET Cie

61, rue Jean-Jacques-Rousseau 61

LETTRE

ADRESSÉE

A M. ALPHAND

ET COMMUNIQUÉE

A M. LE PRÉFET DE LA SEINE

ET

A MM. LES MEMBRES DU CONSEIL MUNICIPAL DE PARIS

PAR

UN SOI-DISANT COMMUNEUX

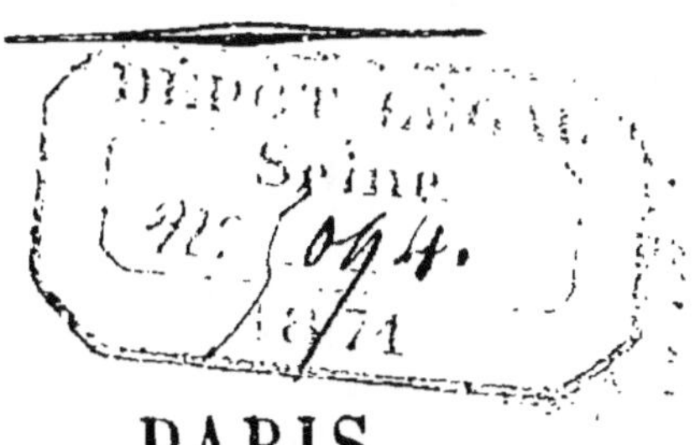

PARIS

CHEZ TOUS LES LIBRAIRES

—

1871

LETTRE

ADRESSÉE

A M. ALPHAND

Monsieur le Directeur,

Pendant huit ans, j'ai été attaché au service de l'éclairage de la ville de Paris, et, malgré la durée de ce laps, je suis sorti de ce même service sans avoir l'honneur d'être personnellement connu de vous, qui en aviez la haute direction.

Si cela prouve, d'une part, que j'ai été peu soucieux de mon avancement, cela démontre aussi que je ne suis pas de ces solliciteurs tracassiers ou hypocrites, dont vos antichambres sont encombrées, et qui usent leur temps à mendier des faveurs qui reviennent de droit à d'autres — ceux qui travaillent — et qu'ils dénigrent.

Je vais, Monsieur le Directeur, vous dire une chose qui vous paraîtra peut-être bizarre.

Le sentiment qui m'avait empêché de faire un seul pas vers vous, quand j'étais sous vos ordres, pour réclamer de votre justice un avancement auquel j'avais plus d'un droit, est le même sentiment qui m'oblige, — aujourd'hui que je suis étranger à votre administration, — à vous faire connaître mon passé et mes antécédents.

*
* *

Lorsque, d'après un concours subi par moi à l'Hôtel-de-Ville (30 mai 1863), je suis entré à l'éclairage privé, je comptais déjà dix-neuf années de services administratifs. Quatre ans au secrétariat général des hospices civils de Rouen et quinze ans dans l'administration départementale de la Seine-Inférieure, d'où je suis sorti au commencement de 1863, en qualité de sous-chef de bureau de première classe.

C'est vous dire, Monsieur, que la plus grande partie de ma vie s'est passée à Rouen.

Si vous aviez eu l'occasion de prendre sur moi des informations auprès de quelques notabilités avec lesquelles j'ai eu l'honneur de me trouver en relations amicales dans cette ville que j'aime toujours, les sympathiques témoignages en ma faveur ne vous eussent pas manqué.

Vous auriez pu recueillir ceux des hommes du parti de l'ordre, parti auquel vous avez toujours appartenu vous-même, je me plais à n'en pas douter.

Voici justement, à propos de ce même parti, des faits qui viennent d'eux-mêmes se glisser sous ma plume.

*
* *

Après la Révolution de Février, il y eut à Paris, vous le savez, quelques troubles qui furent le prélude des fatales journées de Juin.

Quels étaient les auteurs cachés de cette insurrection inattendue ? Je l'ignore absolument, et je ne suppose pas que vous en pensiez plus long que moi à cet égard.

Toujours est-il que le cri d'alarme jeté par Paris aux gardes nationales de la province, dont il réclamait le secours, fut si poignant, que chaque ville fournit sur l'heure un contingent d'hommes proportionné à son effectif.

Partisan de l'ordre, à cette époque déjà funeste autant que je le suis aujourd'hui, je n'hésitai pas, — après en avoir toutefois prévenu M. Hippolyte Dussart, commissaire général du département, sous les ordres duquel je me trouvais alors, — à me joindre aux trois cents volontaires qui partirent de la place Saint-Ouen, le 23 juin, à midi, pour voler au secours de la capitale livrée à la férocité de plusieurs bandes de démagogues et d'anarchistes qui voulaient le pillage, le meurtre, le renversement de la République, le partage des biens, etc., etc.

Nous montons en chemin de fer et partons résolument en chantant la *Marseillaise* et les *Girondins*.

*
* *

Arrivés à la gare Saint-Lazare, on nous fait charger nos armes. Un bataillon parisien, venu au-devant de nous, nous conduit à l'Assemblée nationale.

Prévenu de notre arrivée, M. Sénard, notre compatriote, qui présidait la Chambre, sort du Palais-Bourbon pour nous serrer la main. Nous sommes mis dès lors sous les ordres du général Lebreton et envoyés à la caserne de la Nouvelle-France, rue du Faubourg-Poissonnière.

Le lendemain, nous nous battons toute la journée au clos Saint-Lazare, à la barrière Poissonnière et à celle de Rochechouart.

Les bouchers de l'abattoir de ce quartier ayant eu l'excellente idée de trouer le mur d'enceinte, nous faisons irruption sur le boulevard par cette brèche, et, après une vive fusillade, la barricade construite au bas de la chaussée Clignancourt est enlevée, et les fuyards poursuivis jusque dans les petites rues qui grimpent à Montmartre.

Chez plusieurs marchands de vins du voisinage on fait main basse sur divers individus à mines suspectes.

Je fus chargé avec M. Visinet, homme de lettres, — qui allait être nommé préfet de l'Orne, — de conduire à notre caserne un prétendu cocher de fiacre dans les poches duquel il avait été saisi de la poudre et des balles.

Arrivés à la Nouvelle-France, M. Visinet me quitta et je menai mon prisonnier au milieu de la cour où plus de deux cents autres étaient liés et garrotés.

Là je trouvai M. Thiers qui examinait, qui étudiait ces figures étranges. Je m'approchai de lui et le priai de me dire où il fallait mener l'homme confié à ma garde.

— A-t-il été fouillé? me demanda M. Thiers.

— Oui, monsieur. Voici de la poudre et douze balles qui ont été trouvées dans les poches de son gilet.

— Ah! eh bien! montez avec lui au premier étage, ici, à gauche, c'est là que siége le juge d'instruction.

Je pense qu'il vous suffira de lui remettre votre prisonnier avec les pièces de conviction.

Je m'inclinai en le remerciant et conduisis ma capture au juge.

C'est la seule fois de ma vie que j'aie eu l'honneur d'échanger deux paroles avec cet homme illustre et providentiel, qui, en dehors de son œuvre immense, semble avoir été créé pour servir d'ange gardien, de génie consolateur à la France, aux jours les plus néfastes de ses annales!

Dussé-je vivre cent ans, je n'oublierai jamais l'extrême simplicité de la tenue de ce cher grand homme. Je verrai toujours ce teint de bistre, ce col de chemise qui lui sciait les oreilles, cet habit noir trop large et, brochant sur le tout, ces classiques bas bleus qui mirent le comble à mon admiration!

*
* *

Le lendemain lundi, nous montons au quartier de La Chapelle.

Par une pluie battante, nous traversons la plaine des Vertus et revenons déboucher, après quelques contremarches, dans la rue de Flandres, ornée d'une demi-douzaine de barricades, dont la dernière et la plus redoutable se trouvait à la Rotonde de La Villette.

Nous employons toute la journée à faire le siége de ces petites forteresses, mais nous devenons maîtres de la Rotonde avant le coucher du soleil.

C'est à ce dernier coup de main que j'eus l'occasion d'être remarqué par des officiers du bataillon de La Villette pour une action qu'il ne m'appartient pas, à moi, de raconter. Toutefois, cette action, publiquement constatée par ces officiers et légalisée par le maire, me valut de la part de la Commission des Récompenses nationales une *mention* d'autant plus *honorable* que mon nom figure avec le titre de simple garde en tête d'une liste de quatorze autres personnes plus ou moins gradées. (Voir le MONITEUR UNIVERSEL, *Journal officiel de la République française*, du lundi 2 octobre 1848.)

Notre expédition était alors terminée.

Paris, pacifié à Montmartre et à La Villette, l'était également sur les autres points.

Le général Lebreton vint nous faire une petite allocution pour nous remercier au nom du gouvernement et de la ville de Paris, en nous annonçant que nous pouvions retourner dans nos foyers.

Nous repartîmes donc le lendemain matin 26, emportant avec nous, hélas! le corps d'un de nos plus jeunes camarades, M. Dumée fils, un peintre d'avenir, qui avait été frappé l'avant-veille rue du Faubourg-Poissonnière, à l'angle de la rue du Delta.

****

Telle fut mon attitude en 1848. Étais-je alors un homme de désordre?

****

De cette dernière date au jour où nous sommes, que d'événements se sont passés en France, Monsieur le Directeur!

Le peuple, qui périodiquement a ses jours de démence, ne tarda pas à aliéner son libre arbitre en retombant dans le fétichisme, et, finalement, sous la férule d'un despote.

L'auréole de la gloire toute personnelle de Napoléon avait fasciné les masses. Elle les aveugla au point qu'elles confièrent les destinées du pays à un membre de sa famille déjà deux fois criminel, et qui devait débuter dans son triste rôle par le parjure et par le meurtre !

Le coup d'État du 2 décembre 1851 sera l'exorde sanglant de la phase la plus lamentable de notre histoire politique !

Les hommes qui, en dépit de ce tragique et odieux événement, crurent encore pouvoir s'enrôler sous la bannière napoléonienne n'obéirent pas tous au même sentiment. Il est rationnel de diviser en trois catégories ceux qui s'allièrent au système impérial, en s'attachant à la fortune du nouveau souverain, ce sont : les naïfs, les spéculateurs, les ambitieux.

Parmi les hommes à courte vue mais sincères, qui, sur la foi de livres et d'écrits empreints d'un pur libéralisme, dont l'auteur, élevé à l'école du malheur, porte un grand nom, s'étaient laissé aller à croire que la nouvelle ère des Césars ne serait que l'ère de la liberté, beaucoup n'ont pas tardé à ouvrir les yeux. Ils se sont vite découragés, car ils ont vu tomber un à un tous leurs rêves. On peut les appeler les *bonapartistes désillusionnés*.

Après ceux-ci, il y aurait à classer les *bonapartistes incurables :* je veux dire les gros salariés qui ont cessé de l'être, mais dont le dévouement consiste à regretter un beau traitement perdu et convoiter le retour de leurs brillantes sinécures.

Viennent ensuite les *bonapartistes déguisés*. Ce sont les plus habiles sinon les plus estimables. Pour conserver leur position avec ses avantages, ces derniers se sont hâtés de jeter leur ancien habit de cour et d'endosser une petite carmagnole républicaine. Tout en servant le *nouveau pouvoir*, qu'ils détestent, ils *veillent* d'un œil *au salut de l'empire*, mais ce à quoi ils veillent surtout et avec amour, c'est *au maintien de...* leur pot-au-feu.

Vous, Monsieur, qui êtes libéral et patriote, vous qui avez eu la louable sagesse de mettre sans arrière-pensée vos talents et votre activité à la disposition du gouvernement de la République, lequel, vous le savez, n'est pas un ingrat, je vous plains, car vous devez bien gémir en voyant de près les pantalonnades de ces histrions politiques !

Tous excusent le coup d'État ; il en est même, — ce sont les purs, — qui vont jusqu'à le glorifier. Sans cet acte de haute énergie, la France, à les entendre, n'aurait pas eu le bonheur de voir s'établir celle des dynasties qui ait su payer le plus grassement ses fidèles fonctionnaires.

Et, d'après l'opinion de ces hommes considérés comme considérables, la réapparition des aigles valait bien quelques têtes cassées sur le boulevard Bonne-Nouvelle !

N'était-ce pas d'ailleurs la terre promise des grandes transformations sociales ? un champ de courses ouvert à tant d'*intelligences* auxquelles il fallait des places ?

Ah ! Monsieur le Directeur, que de grands hommes improvisés sous ce merveilleux régime !

Que d'inconnus n'a-t-on pas vu arriver, comme poussés par une puissance magique, aux plus importantes fonctions !

Que d'*individualités sans mandat* s'étaient endormies pauvrement la veille, sans se douter qu'elles se réveilleraient le lendemain au faîte des grandeurs !

Que de fortunes échafaudées sur le simple et bon plaisir du monarque, en récompense de concessions inavouables, ou de courbettes aussi plates que déshonorantes !

Et quel déluge de distinctions, de cordons, de décorations !

Mais, n'allons pas troubler la béatitude de ces importants personnages. Laissons-les plutôt croire qu'ils conserveront leurs chers insignes jusque dans la vallée de Josaphat, où doit sonner la trompette du jugement dernier, et revenons à mon sujet.

*
* *

Quand je quittai Rouen pour venir à Paris, le chef de l'administration tint à me donner un souvenir qui m'est cher et précieux.

Je vous prie, Monsieur le Directeur, de vouloir bien en prendre connaissance.

Comme vous pourrez en juger, cette recommandation prouve que, dans l'opinion du préfet de la Seine-Inférieure, je n'étais pas un de ces hommes qu'il est permis d'assimiler à un *communeux*, ni même à un *pétroleux* quelconque.

Voici cette pièce :

« Rouen, 21 janvier 1863.

« Monsieur,

« J'ai reçu la lettre par laquelle vous m'exposez que
« des raisons particulières vous obligeant à aller habiter
« Paris, vous vous trouvez dans l'impossibilité de conser-
« ver votre emploi dans mes bureaux.

« C'est avec peine que j'ai appris votre résolution.

« Au moment où vous allez quitter votre service, je
« suis heureux de vous renouveler le témoignage de ma
« satisfaction pour le zèle et le dévouement dont vous avez
« toujours fait preuve.

« Agréez, etc.

« *Le sénateur, préfet de la Seine-Inférieure,*

« Ernest Le Roy. »

*
* *

J'ouvre ici une parenthèse, Monsieur le Directeur,
pour y faire entrer quelques réserves motivées par la
nature même de ce qui précède.

Si donc pour vous initier aux actes de mon passé,
j'ai été entraîné à vous parler déjà longuement de ma
personne, je suis tenu de vous affirmer que cette
petite revue rétrospective de mes faits et gestes ne
m'est dictée ni par l'ostentation ni par la vanité.

Je crains d'ailleurs trop le ridicule, toujours mortel
en France, et je sais avec quelle ténacité il s'attache
à tout individu qui, comme le Gascon, est affligé du
travers de faire son propre éloge.

Mais, quand j'aurai terminé mon récit, et tiré la
conclusion qui en est le but, vous sentirez vous-même

que mes scrupules à ce sujet n'ont plus grande raison
d'être.

Ceci dit, je ferme la parenthèse, et je poursuis.

*
* *

Nous arrivons à la fameuse déclaration de guerre à
la Prusse.

Vous vous rappelez avec quelle inépuisable insis-
tance les députés libéraux avaient, du haut de la tri-
bune, supplié l'empereur Napoléon III de ne pas en-
gager la France dans cette voie funeste, tandis que,
d'un cœur léger, la tourbe de ses flatteurs s'égosillait
à crier : « *A Berlin ! à Berlin !* »

L'alea jacta est une fois prononcé, il n'y eut en
France, de Dunkerque à Bayonne, qu'une seule et
même exclamation, un cri spontané, un chant de vail-
lance et de patriotisme : « *Aux armes, citoyens, for-
mez vos bataillons !* »

Et tous, jeunes et vieux, cédèrent à un sentiment
guerrier.

Vous-même, Monsieur le Directeur, n'avez-vous pas
partagé cet élan sublime ? n'avez-vous pas eu le mérite de *former votre bataillon* du génie auxiliaire,
composé en partie de la fine fleur des bureaucrates de
vos divers services ?

Je me souviens d'avoir, sur votre *invitation*, signé
une adhésion pour faire partie des *flanqueurs*. Mais, il
paraît qu'après réflexion de certain gros bonnet de
l'éclairage privé, auquel je n'ai jamais eu le bonheur
de plaire, j'aurais été jugé inapte à entrer dans ce
corps d'élite.

Je vous avoue, Monsieur, que si d'un côté mon amour-propre a pu souffrir de cette élimination, de l'autre je ne m'en suis que peu affecté, quand surtout il m'a été discrètement démontré que les plus grands dangers à courir par certains de ces Achille armés de *plumes-chassepot*, consistaient à venir griffonner chaque jour au bureau comme à l'ordinaire, pourvu qu'ils soient coiffés d'un képi bleu, avec deux haches d'étoffe rouge en sautoir.

Maintenant que vous avez un aperçu de mon caractère, j'ose espérer que vous me ferez l'honneur de croire qu'un tel rôle ne pouvait être le mien.

L'affreuse situation de la France, de cette France que j'aime avec passion, et que j'avais, — comme tous ceux qui ont du sang français dans les veines, — la douleur de voir envahir par des peuplades sauvages, cette terrible situation, dis-je, avait éveillé en moi d'autres aspirations que le port bénin de haches en croix sur un képi.

Non, Monsieur, quand on affectionne ardemment son pays qui se trouve en péril extrême, et qu'on a bon pied, bon œil, on ne se retranche pas derrière ces ruses anodines ; on ne songe qu'à faire à sa mère-patrie le sacrifice de sa personne. On met sac au dos, on s'arme d'un fusil à tir rapide, et, sans chevalerie, on s'engage *volontairement*, comme je l'ai fait avec votre autorisation du reste, dans un bataillon de marche, pour aller dans les tranchées de Nogent sur-veiller l'ennemi au passage de la Marne, pendant le mois de janvier, malgré la neige, les glaces et les frimats.

Je suis convaincu, Monsieur le Directeur, qu'en

m'accordant cette permission d'engagement, vous vous êtes exécuté de bonne grâce. Mais, une chose que je puis vous apprendre, si vous l'ignorez, c'est que votre décision, datée du 14 décembre, ne m'a jamais été communiquée.

Il s'est même tramé à mon préjudice dans les bureaux, quelque chose de mystérieux et de tellement indélicat, que je ne puis m'empêcher de le rappeler.

Dans sa généreuse sollicitude, le maire de Paris, M. Jules Ferry, songeant à la position si précaire des employés de son administration, après l'exorbitante cherté des subsistances qui durait depuis près de quatre mois, prit un arrêté pour qu'il fût payé à tous — sans exception, — un mois supplémentaire d'appointements : qu'on a appelé le *mois de guerre.*

Sans cette suprême ressource, personne ne touchait un centime fin décembre 1870, puisque les paiements effectués par avance à partir du mois de septembre, avaient complété la somme due à chacun pour les appointements de l'année entière.

*
* *

En disant que le personnel fut convoqué le 30 décembre pour toucher ce *mois de guerre* béni, je crois inutile d'ajouter que pas un seul employé ne manqua au rendez-vous.

Tous arrivèrent ensemble, et la feuille d'émargement fut prise d'assaut pour ainsi dire.

Je laissai passer la tourmente.

Dès que je pus feuilleter l'état à mon tour, et que j'aperçus mon nom, je signai vite en marge, et j'allai me présenter au payeur.

Mais ce comptable me regarda d'un air surpris, et, de son accent le plus désespéré, me dit ceci :

— Monsieur, je ne puis vous payer, tel est l'ordre de M. Laming, le chef du service ; lui seul vous donnera des explications à ce sujet..... Voyez M. Laming.

— Monsieur, répondis-je stupéfait, ce que vous m'annoncez est étrange ; mon nom est porté sur la feuille de paiement : je viens d'ailleurs d'émarger.....

— Cela ne fait rien, monsieur, je vous le répète : Voyez M. Laming.

Je commençais à trouver la plaisanterie de mauvais goût ; je courus chez M. Laming, dont l'arrogance ne m'était que trop connue. Je priai ce vaniteux favori de l'ancien préfet Haussmann de me donner le mot de l'inquiétant logogriphe.

— Monsieur, me dit-il de cette voix qu'il tire des fosses nasales, la chose est simple ; ne faites-vous pas partie d'un bataillon de marche ?

— Oui, eh bien ! après ?

— Eh bien ! en cette qualité vous touchez des vivres de campagne ; vous ne pouvez pas recevoir de deux mains.

— Je crois, repris-je froidement, que monsieur l'inspecteur principal de l'éclairage de Paris est en voie de gaieté : il veut rire ?

— Comment, monsieur ?.....

— Sans doute. Et d'abord, permettez-moi de vous dire, monsieur, que jusqu'à présent mon bataillon n'ayant fait de service qu'au Palais-de-l'Industrie, loin de toucher des vivres, j'ai été obligé de prendre mes repas au centre de Paris, où tout est détestable en ce moment, mais où, par contre, tout est excessivement cher, lorsque, exceptionnellement encore, il est possible de trouver quelque chose. Je ne suis donc pas dans les conditions que vous dites.

— C'est possible, ajouta-t-il d'un ton hautain, mais à tout cela je ne puis rien. Votre affaire a été réglée par une décision de M. le directeur....., Voyez M. le directeur.....

— Oui, monsieur ; puisqu'il paraît que je suis destiné aujourd'hui à *voir* tout le monde, certes je *verrai* le directeur. La chose en vaut la peine.

Et je tournai le dos au chef de service en comprimant un rire de pitié.

Je trouvais fort piquant que ce *mois de guerre* accordé aux employés de l'Hôtel-de-Ville, — sans exception, — par le maire de Paris, fût religieusement compté aux sages qui ne *faisaient pas la guerre*, ne montaient même pas la garde, et systématiquement refusé à ceux qui avaient accepté la chance de se faire tuer pour la patrie !

Je fus trouver M. Turbé, contrôleur principal, à qui je contai mon aventure. Cet homme, toujours calme et prudent, ne me dit pas tout à fait ce qu'il en pensait. Cependant, en m'apprenant qu'un contrôleur ambulant, M. Tranche, qui, comme moi, était engagé dans un bataillon mobilisé, — mais ayant grade d'officier, — avait reçu son *mois de guerre*, M. Turbé me donna le conseil de vous écrire.

Je suivis ce conseil, et vous adressai le 5 janvier, veille de mon départ pour les avant-postes de la Marne, une lettre par laquelle, plein de confiance, je vous priais d'assimiler ma position à celle de M. Tranche.

Quoi qu'il en soit, si je n'avais pas eu ma bourse particulière, il ne m'eût pas moins fallu partir à sec pour Nogent et me contenter du strict menu de campagne, comme l'avait entendu M. Laming : — 60 grammes de viande de cheval salé et un quart de vin pour deux jours.

J'aurais pu serrer plus d'une fois la boucle de mon ceinturon.

Durant mes heures de faction, les pieds enfoncés dans les boues glacées de la tranchée, je me suis dit souvent : Si les éclats d'obus qui tombent ici dru comme grêle veulent nous permettre de revoir Paris, espérons que je pourrai rentrer enfin dans mon malheureux *mois de guerre !*

C'était là une cruelle illusion !

*
* *

Les préliminaires de la paix signés, nous revenons dans nos foyers ; mais en rentrant chez moi, malade de fatigue et d'épuisement, je trouve la *consolante* missive que voici, et qui porte votre signature, Monsieur le Directeur :

« Paris, le 17 janvier 1871.

« Monsieur, par une lettre que vous m'avez adressée le « 5 de ce mois, vous demandez à toucher l'indemnité du « treizième mois d'appointements, accordée aux agents « du service qui n'ont pas cessé de remplir leurs « fonctions.

« La décision qui a été prise, en mon absence, par le « maire de Paris, est une mesure générale qui ne s'ap-« plique pas aux agents faisant partie des corps mo-

« bilisés pour la défense nationale, et je ne puis que m'y
« conformer.

« Agréez, etc.

« ALPHAND. »

Je ne vous cacherai pas, Monsieur, que la lecture
de cette signification me plongea dans d'assez graves
réflexions ; mais, je dois vous l'avouer dans la sincé-
rité de mon âme, je n'ai jamais pu croire que les con-
sidérations qui lui servent de base pussent vous être
directement attribuées.

Ce doute se fortifia surtout dans mon esprit, lors-
qu'un témoin digne de foi m'eût affirmé qu'il avait lu
dans les bureaux, — en présence d'un employé supé-
rieur qui l'avait supplié d'en garder le secret, — un
malveillant rapport que vous avait adressé contre moi
M. Laming.

Dans ce rapport, ou plutôt cette diatribe qui sou-
leva le dégoût de la personne qui venait d'en prendre
connaissance, j'étais représenté comme un agent tota-
lement privé de mémoire, n'ayant d'ailleurs qu'une
intelligence au-dessous de la médiocrité, et maintes
gentillesses de ce gracieux échantillon.

Je n'ai pas été, malheureusement, la seule victime
des injustices et du despotisme de M. Laming. Qui-
conque de ses subordonnés oubliait d'accabler de fades
adulations cet homme *très-fort*, devenait bientôt sus-
pect à ses yeux, et, de là aux sourdes persécutions,
aux perfidies, il n'y avait qu'un pas.

Les noms des pauvres diables d'employés qu'il a
tracassés, vexés, humiliés, fourniraient un long mar-
tyrologe.

Pour revenir à votre lettre, il est essentiel que je

vous dise, Monsieur, qu'avant la fin de 1870, je n'avais nullement *cessé mes fonctions*, ainsi que cette lettre tendrait à m'en accuser. Je m'étais toujours entendu avec mes collègues pour concilier les devoirs de mon emploi avec les exigences du service de la garde nationale, — service que je faisais avec votre autorisation, — et je mets au défi qui que ce soit de dire qu'un seul détail de mon service administratif ait été en souffrance.

Il ne m'appartient pas, Monsieur le Directeur, d'examiner si M. le maire de Paris a eu tort de *prendre*, EN VOTRE ABSENCE, une *mesure générale* favorable à tous les employés dont plusieurs se trouvaient, vu les circonstances, dans un état voisin de la gêne ; mais il est bien difficile d'admettre que l'honorable magistrat ait voulu exclure de sa bienfaisance *les agents mobilisés pour la défense nationale*, en d'autres termes, ceux qui justement avaient le plus à souffrir.

Dans l'impossible hypothèse où M. le maire de la ville de Paris eût même entendu priver de ce secours celui des agents qui s'armait encore *volontairement* pour défendre, en 1870, cette même ville de Paris qu'il était déjà venu secourir en 1848, comment pourrait-on expliquer l'exception faite en faveur de M. Tranche ?

Certes, il n'est pas un homme de cœur parmi nous qui n'ait rendu hommage au patriotisme de notre collègue. Moi, tout le premier, je l'ai félicité du fond de mon cœur le jour même où il m'apprenait qu'il avait touché son *mois de guerre*.

Mais, je vous le demande, Monsieur, comment ne

m'élèverais-je pas contre une mesure... incomparable qui me frustre d'une somme relativement faible, c'est possible, mais enfin d'une somme qui m'est due et pour laquelle, sans la recevoir, je me trouve avoir donné quittance !

Dois-je donc me résigner à la perdre, ou espérer de la récupérer avec les retenues pour la retraite qui m'ont été faites pendant huit ans ?

Je livre ce qui précède à vos méditations, et j'ai la persuasion que, me rendant justice, vous reconnaîtrez, avec M. le préfet et avec MM. les édiles, que mes plaintes et mes droits sont parfaitement légitimes.

*
* *

Il me reste à préciser l'emploi de mon temps, du 7 février au 12 juillet, c'est-à-dire depuis le jour de ma reprise de service jusqu'à celui où, pour cause de Commune, vous m'avez intimé l'ordre de cesser mes fonctions.

La feuille de présence du bureau du XXe arrondissement porta, je le répète, ma signature le 7 février. J'assistai, ce jour-là, à la conférence; avis en fut donné à M. Sibien, inspecteur principal de l'éclairage public.

C'était, je crois, la veille des élections de cette Assemblée nationale qui allait se réunir à Bordeaux. À ce moment, aucun *point noir à l'horizon* ne faisait encore présager l'affreux orage que la Commune, hélas ! allait bientôt faire gronder sur nos têtes.

On se trouvait presque heureux; on oubliait même la présence des Prussiens, car le ravitaillement de

Paris avait mis fin à nos souffrances physiques, et chacun s'était remis de bon cœur à son travail.

Par malheur, cette accalmie ne devait être qu'éphémère ; c'était un mirage trompeur.

L'absence de l'autorité civile dans la capitale parut à certains hommes de désordre, ennemis jurés de toute civilisation, une occasion propice pour renouveler leur coupable tentative d'usurpation du pouvoir.

Et ils eurent garde de la laisser échapper !

Je ne rappellerai pas les scènes déplorables qui ont été la conséquence de leur avènement, ni les séquestrations de personnes commises par ces misérables.

Il était naturel, Monsieur le Directeur, que, beaucoup mieux placé que nous pour apprécier la gravité de la situation, vous ayez jugé à propos de vous retirer à Versailles pour fuir la tyrannie de ces forcenés. Malheureusement, dans la précipitation de votre départ, vous avez oublié de nous laisser le moindre avis, le plus petit communiqué, pouvant nous servir de règle de conduite.

Livrés à nos seules inspirations, nous avons cru qu'en qualité d'employés de la ville de Paris, notre devoir était avant tout d'agir dans l'intérêt général parisien, en restant à notre poste malgré les dangers. Assurément nous n'y reposions pas sur un lit de roses. L'insulte ne nous a pas manqué. Quand nous n'étions pas de *lâches réactionnaires* ou des *traîtres* qu'on aurait dû fusiller, c'était de *mouchards des Versaillais* que nous étions traités. Mais, comme le vieux soldat de Scribe, nous avons su souffrir et nous taire... et nous pouvons dire que les archives, les registres, et les dossiers d'affaires courantes qui auraient été livrés à des étrangers, n'ont dû leur conservation qu'à notre présence dans nos arrondissements respectifs.

Quant à l'avertissement inséré dans la feuille officielle de Versailles, alors que Paris était devenu inaccessible à cette feuille, peut-on nous incriminer de l'avoir ignoré ?

Ah ! Monsieur le Directeur, que n'ai-je donc pu l'apercevoir, ce précieux entre-filet ! l'occasion d'aller revoir les amis de Rouen était si belle !

Allez, je vous jure bien que j'en eusse profité !

Et puis, combien de menaces, sans compter les invectives des policiers du drapeau rouge, m'eussent été épargnées !

Que de choses terribles je n'aurais pas eu la douleur de voir se passer sous mes yeux sans les pouvoir empêcher !

Ainsi, quelques jours après le renversement de la colonne Vendôme par les iconoclastes de la Commune, une autre horde de ces vandales se porta sur la place du Trône, déjà barricadée en plusieurs endroits.

Leur marteau démolisseur avait même commencé à mordre à sa base la colonne-nord que surmonte la statue de saint Louis, quand les habitants du quartier, indignés de cet acte de folie furieuse, s'interposèrent pour en arrêter l'accomplissement.

Les remontrances furent d'abord inutiles, les piocheurs continuèrent à saper la pierre et à tracer une sinistre entaille à la base du fût.

Cependant, l'effet moral qui se produisait dans l'esprit du voisinage, prêt à se soulever, parut calmer un peu la rage de ces hommes.

Le conciliabule de l'Hôtel-de-Ville, dans un but que vous vous expliquerez dans un instant, Monsieur le Directeur, envoya l'ordre de surseoir à l'abattage du monument.

Sans cela, saint Louis et Philippe-Auguste venaient se casser le nez sur les pavés de la rue, comme Napoléon Ier s'était broyé dans sa chute de la place Vendôme, malgré son lit de fumier.

Vers dix heures du soir, je parcourais pour mon service le cours de Vincennes. Arrivé près du gazomètre, j'aperçus, — je puis dire dans l'obscurité, car on avait à dessein empêché d'allumer les candélabres en cet endroit, — j'aperçus, dis-je, un énorme ballon qu'on était en train de gonfler.

A côté de l'aérostat, était une nacelle dans laquelle se tenaient cachées plusieurs personnes dont on découvrait à peine l'extrémité de la tête.

Des sentinelles armées de chassepots, et le ceinturon formidablement enrichi de revolvers, étaient chargées de tenir à distance les curieux que cette opération intriguait, dont le nombre croissait de minute en minute.

Outre les factionnaires, il y avait là tout un état-major d'officiers chevelus et barbus, képis à quadruple galon, porteurs de sabres et de revolvers de fort calibre.

Tous ces messieurs, malgré leurs gros pistolets qui leur donnaient l'air de condottieri de la Calabre, paraissaient néanmoins en proie à une assez vive anxiété. A les voir piétiner, aller, venir, chuchoter, on songeait à un ramassis de sacripants cherchant les moyens de dépister la maréchaussée.

Il était facile de juger qu'ils ne comptaient que faiblement sur l'appui de leurs grands sabres.

Quelquefois l'un d'eux s'approchait de la nacelle, et risquait une poignée de main d'encouragement aux voyageurs inconnus pour nous.

Le ballon ne grossissait guère, mais le groupe des passants grossissait pas mal, et les dialogues de la rue commençaient à faire bruit :

— Dites-donc. citoyen un tel, qui diable va grimper là-dedans?

— Dame ! est-ce que je sais, moi ?

— D'aucuns prétendent que ce sont des expériences qu'on veut faire.

— Hein ! des expériences?... expériences de quoi ?

— Sur les positions des Prussiens.

— Oh! fameux, les positions des Prussiens... on n'y pensait plus... des expériences quand il fait noir comme dans un four... j'en veux pas, elle est mauvaise !

— D'ailleurs, puisqu'on ferme les portes de la ville pour tout le monde, personne à l'heure qu'il est ne doit avoir le droit de s'envoler dans les nuages, je suppose ?

— Eh ! là-bas, les voyageurs pour la lune, faites donc voir au moins votre trogne avant de partir ?

Les officiers parlèrent aux sentinelles ; celles-ci firent reculer brutalement le peuple souverain, qui se mit à murmurer de plus en plus.

Un gavroche irrité aussi du procédé de cette soldatesque d'occasion, mit enfin les pieds dans le plat. D'une voix qu'il s'efforça de rendre grosse, il cria en s'adressant aux spectateurs mécontents :

— Ohé! les autres, est-ce que vous ne voyez pas que c'est la Commune qui veut *se carapater?*

Là-dessus, le gamin joua des jambes.

Son opinion était bien celle de tout le monde.

Le cœur navré de voir que des bandits qui avaient plongé Paris dans la plus sanglante des guerres civiles, en étaient réduits à chercher lâchement leur salut dans la fuite, je fus immédiatement trouver un de mes amis, M. Gendarme, lieutenant de la 9e compagnie du 76e bataillon sédentaire. Après l'avoir instruit de ce qui se passait sur le cours de Vincennes, je lui dis : Si vous pouviez réunir une partie des hommes de votre compagnie, j'entrerais ce soir dans vos rangs.

— Je vous comprends.

— Il faut à tout prix empêcher ce ballon de partir.

— Mon cher ami, me dit M. Gendarme, c'est dangereux, ne nous le dissimulons pas, mais enfin si les hommes de ma compagnie veulent se joindre à nous, vous pouvez compter sur moi.

— Je vous remercie. Voyez de suite vos hommes... et surtout des cartouches, car il y aura des ripostes, et il faut nous défendre solidement jusqu'au bout.

— Mais, quel est votre dessein?

— Cachés dans un des petits jardins situés entre le cours de Vincennes et la rue de Lagny, nous ferons sur la grosse vessie, au moment de son ascension, un feu de peloton qui lui fera autant de doubles soupapes qu'elle aura reçu de balles.

— Allons, j'en suis, me dit franchement M. Gendarme; il n'y a pas de temps à perdre, pourvu que je puisse rallier mes hommes!

— Partez, je reste ici jusqu'à minuit, une heure, toute la nuit s'il le faut.

Le lieutenant me quitta.

J'attendis avec un autre ami, M. Richard, propriétaire rue de Lagny, qui m'avait proposé son fusil et des munitions.

Vers minuit et demi, notre messager revint un peu essoufflé.

— Mes hommes, nous dit-il, sont trop las des prises d'armes, mais je vous apporte une bonne nouvelle.

— Ah ! laquelle ?

— Je viens de voir une compagnie de notre bataillon, de service dans les environs. J'en connais les hommes et particulièrement le capitaine : un sincère ami de l'ordre.

— Eh bien ?

— Eh bien ! je leur ai parlé des préparatifs en question, qu'ils ignoraient. Soyez tranquille, lieutenant, m'a dit le capitaine, vous savez qui je suis, vous savez aussi quels hommes je commande, je vous en donne ma parole, le ballon ne s'enlèvera pas.

— Bravo ! mais, du moment qu'il en est ainsi, dis-je à MM. Gendarme et Richard, nous pouvons nous aller coucher, d'autant qu'il ne faut pas éveiller la méfiance de leur petite patrouille qui rôde par ici.

— Et vous pouvez dormir en sécurité.

Je leur serrai la main.

A ce moment, les fortes batteries qu'on venait d'établir au cimetière du Père-Lachaise tiraient à toute volée.

Monté à mon cinquième étage du boulevard de Charonne, d'où je domine toute la ville, j'ouvre ma fenêtre pour me mettre un instant, comme chaque soir, à mon observatoire habituel.

Affreux tableau ! quelle plume ou quel pinceau pourrait donner une idée, même imparfaite, Monsieur le Directeur, du spectacle horrible qui terrifia ma vue !

Tout Paris livré aux flammes !!!

D'immenses gerbes de feu s'élevaient de tous les points de l'assiette si vaste de notre belle capitale. Elles détachaient leurs sinistres clartés sur un ciel obscur, de l'horizon duquel le croissant rougi de la lune semblait avoir hâte de se dérober !

J'essayai de m'orienter pour reconnaître quels pouvaient être les édifices que je voyais ainsi brûler. Au milieu de tant d'incendies, il en était un qui dominait tous les autres par son effroyable étendue, et dont les faisceaux de flammes multicolores s'élançaient vers la nue, entourés de tourbillons de fumée noire, verte et jaunâtre.

En fixant attentivement ce gigantesque foyer, je finis par distinguer à sa base la forme de plusieurs monuments connus, tels que la tour Saint-Jacques et les divers pavillons du nouveau Louvre, qui dessinaient leurs noires silhouettes sur le fond embrasé !

Hélas ! plus de doute pour moi amateur fanatique des arts ! c'étaient bien et le palais des Tuileries et tant d'autres chefs-d'œuvre consacrés par le temps qui s'anéantissaient !

Ah ! m'écriai-je avec un douloureux serrement de cœur, voici donc le mot fatal de l'énigme du ballon ! voilà le trait du Parthe des monstres qui, après avoir donné leurs ordres pour l'accomplissement de pareils forfaits, viennent ici demander l'impunité à une brise favorable! Espérons du moins, mon Dieu! que les auteurs de semblables crimes n'échapperont pas à la vengeance des hommes; qu'ils seront flétris du stigmate ineffaçable de l'infamie!

J'appuyai ma tête sur la rampe du balcon; je me mis à pleurer comme un enfant!

Le tir du Père-Lachaise poursuivait son atroce besogne. Je voyais briller l'éclair des canons à travers le feuillage des arbres funéraires, j'entendais *crier* dans l'air les bombes à pétrole, qui, parties non loin de moi, allaient aviver là-bas les épouvantables fournaises!

Je restai là comme paralysé, anéanti, jusqu'à l'aube, le cœur brisé dans les angoisses!

Enfin, quand je crus pouvoir sortir sans être arrêté par les sbires de la Commune, je courus à l'avenue de Vincennes.

Alors j'éprouvai un soulagement.

Les débris de l'aérostat gisaient comme de sales loques sur le chemin. Les agrès et la nacelle étaient alors confiés à la surveillance de gardes nationaux tout autres que ceux de la veille, et on m'apprit que le ballon avait été éventré à coups de baïonnettes.

Dans la matinée, une voiture expédiée, je ne sais d'où, vint emporter toute cette défroque. Depuis lors, je n'ai plus entendu parler de cette tentative avortée de fuite aérienne.

Vous vous expliquez maintenant, Monsieur le Directeur, la cause du sursis accordé pour le renversement des colonnes de la place du Trône : le trouble du quartier se produisant dans la journée, pouvait gêner les projets du soir.

Quels étaient les hommes qui voulaient ainsi partir pour des plages lointaines ? personne du voisinage n'a pu le savoir au juste. On a cité, il est vrai, plusieurs noms : celui de Félix Pyat entre autres.

Il allait de soi que le sinistre prédicateur qui, au mérite de pousser les hommes à la révolte et au régicide, unit cet autre mérite de savoir se bien cacher et se sauver toujours aux moments périlleux, fit naître des soupçons.

C'est aujourd'hui, après la perpétration de tant de crimes, qu'on peut surtout sonder la signification précise qu'il attachait aux titres de ses journaux.

Oh ! oui, *le Combat*, *le Vengeur*, ont été de bien lugubres vedettes !!!

De leurs traces il s'exhalera longtemps comme une odeur nauséabonde de poudre et de pétrole, mais l'inexorable burin de l'histoire vengera la civilisation outragée par les blasphèmes de ce misérable, en clouant à un pilori éternel le nom exécré du prophète de malheur !!!

*
* *

Voilà ma conduite en 1870 et 1871. Est-ce donc là ce qu'on appelle pactiser avec la Commune ?

*
* *

Je vous prie d'excuser, Monsieur le Directeur, la longueur démesurée de cette lettre, que je vous aurais adressée beaucoup plus tôt sans la grave maladie dont je relève à peine, mais ces développements m'étaient imposés par la nécessité.

Je tenais à honneur de vous faire connaître la vie du citoyen ami de l'ordre et de son pays, en même temps que la carrière administrative longue et irréprochable de l'employé : carrière que l'on vient de briser sans motif avouable, sans même interroger celui qu'on disgracie, sans l'entendre, sans lui permettre de faire valoir ses faciles moyens de défense.

N'est-ce pas là une singulière façon de nous payer des fatigues, des douleurs gagnées dans nos rondes des nuits d'hiver, avec la pluie ou la neige sur le dos et les pieds dans l'eau jusqu'à la cheville, par des chemins inabordables de l'extrême faubourg ?.....

Petites misères dont on se moque, il est vrai, lorsque, — comme certains chefs de service trop copieusement rétribués, et qui n'ont guère autre chose à faire qu'à forger contre nous des notes désobligeantes, — on est assis devant un bon feu, ou mollement couché sous la douce chaleur d'un riche édredon.

Je m'incline devant la mesure qui m'a frappé, quelqu'inouïe qu'elle soit. Je sais par expérience comment quelquefois les arrêtés préfectoraux ou autres arrivent préparés à la signature officielle du magistrat, qui, malheureusement, ne peut pas tout savoir.

Aussi, dans ma pensée, n'ai-je pas hésité à dégager complétement M. le préfet de la Seine de la part de responsabilité qui semble lui revenir dans ces injustices. Mais je regrette qu'il ne m'ait pas été donné de pouvoir éclairer sur ce point sa religion, comme la vôtre, et aussi celle de MM. les membres de la nouvelle édilité parisienne. Ce sont des hommes loyaux, des esprits justes, des cœurs droits, fiers de la noble et haute mission qu'ils ont reçue de sauvegarder les intérêts de leurs concitoyens, et de protéger les faibles contre les actes arbitraires.

Quoi ! on nous accuse d'avoir SERVI LA COMMUNE ?

Mais, Monsieur, j'en appelle à votre saine appréciation : l'épithète de *serviteurs de la Commune*, même dans le rôle complétement neutre que nous remplissions, n'implique-t-elle pas une sorte de complicité avec des malfaiteurs ? N'est-ce pas une injure d'autant plus offensante qu'elle est d'autant plus gratuite ? Mes collègues et moi, nous la repoussons **de** toute notre énergie, et, pour ma part, je la renvoie à ceux qui me l'appliquent.

Fort de n'avoir agi que dans l'intérêt du public, chacun de nous a répondu sans artifice au questionnaire qui nous a été posé, loin de songer que son nom allait être porté sur la liste des victimes d'une Saint-Barthélemy d'un nouveau genre, préparée comme la première, dans l'ombre !

Je termine, Monsieur le Directeur, en vous répétant que le zèle que je n'ai cessé d'apporter dans les travaux de mon service depuis huit ans, ne m'a jamais été escompté par M. Laming autrement qu'en iniquités.

Les malheurs de Paris lui ont fourni l'occasion de me détacher son dernier coup de pied en s'abritant d'une responsabilité qui n'est pas sienne, mais le voile de la perfidie était assez transparent pour moi•

J'ai de suite reconnu certaines oreilles dont il serait du reste assez difficile de cacher le bout.

Par bonheur, je trouve dans ma conscience une fiche de consolation : c'est la certitude que, déférée au tribunal de l'opinion publique, ma cause obtiendra le succès que le bon droit lui assure, et, à mon sens, le jugement de ce tribunal-là vaut bien autant à lui seul que toutes les *décisions* administratives ensemble, quand elles sont ténébreuses.

Je vous prie, Monsieur le Directeur, de recevoir, avec mes très-humbles salutations, l'expression des sentiments de vive reconnaissance que m'inspire la situation qui m'est faite.

ALEXANDRE **FROMENTIN,**

Ancien employé de l'éclairage de la ville de
Paris et partisan éprouvé de l'ordre, qui
préférerait perdre vingt fois la valeur d'un
mois de guerre plutôt que de passer pour
un *communeux.*

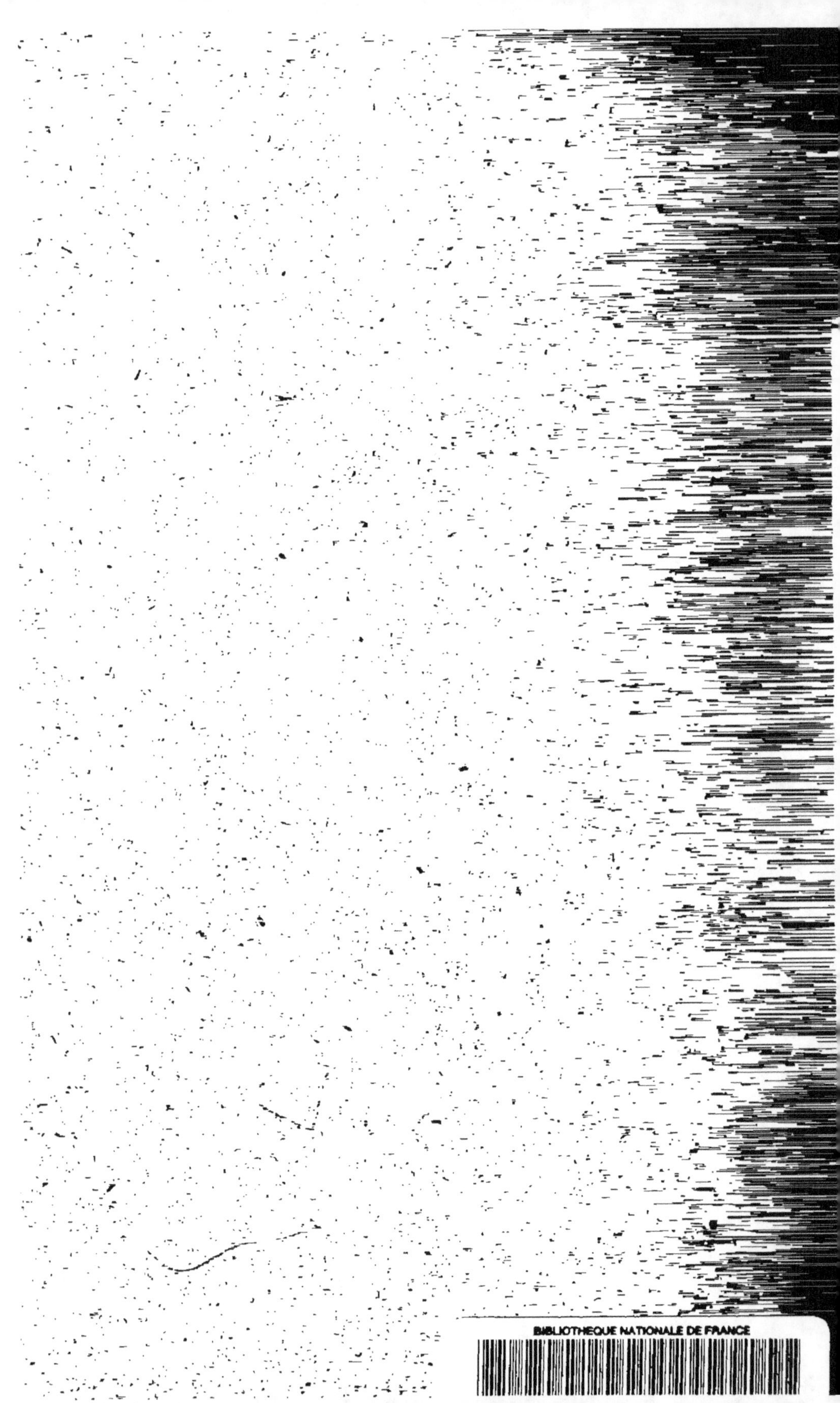